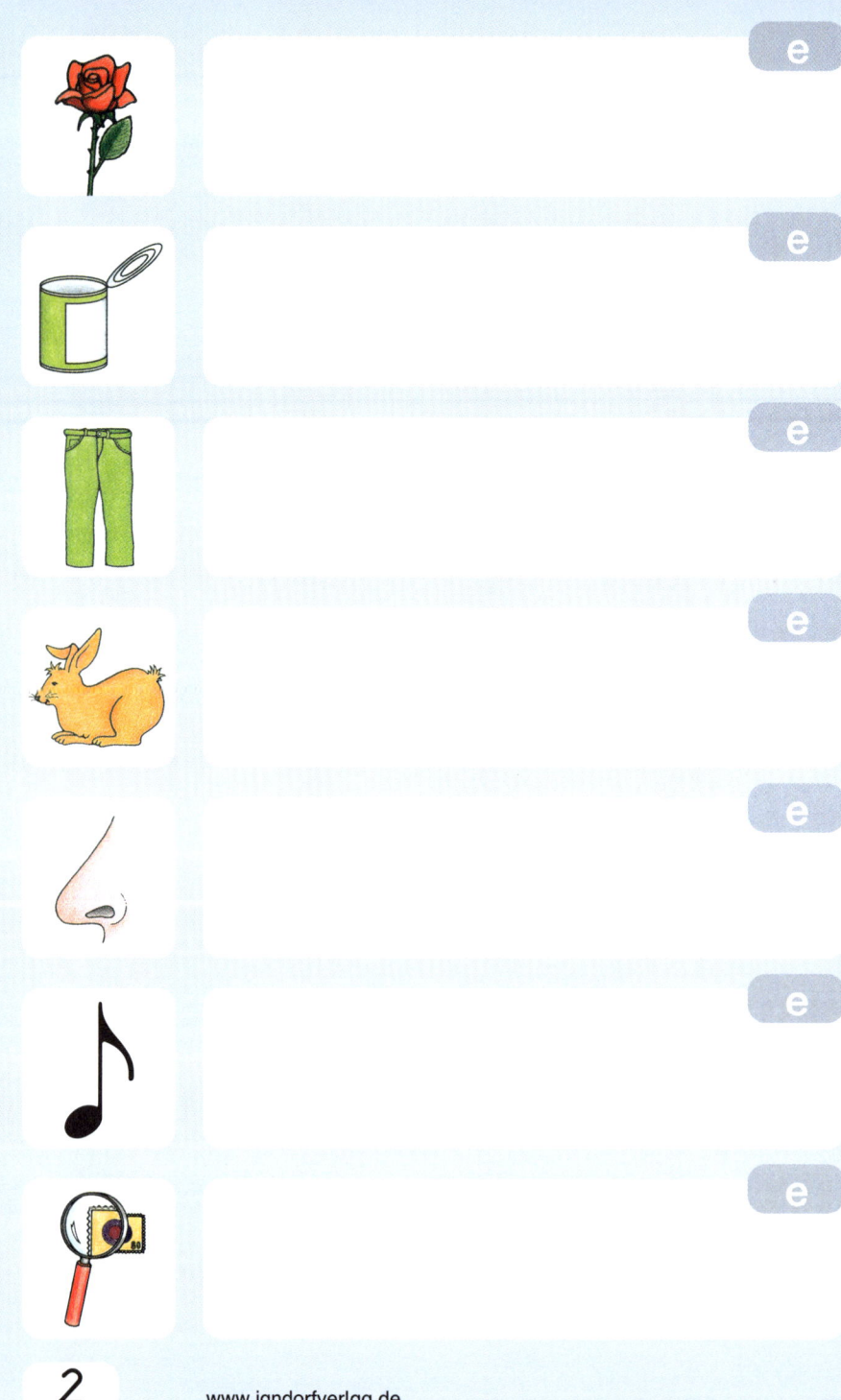

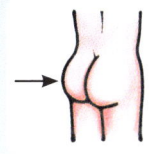

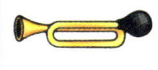

3

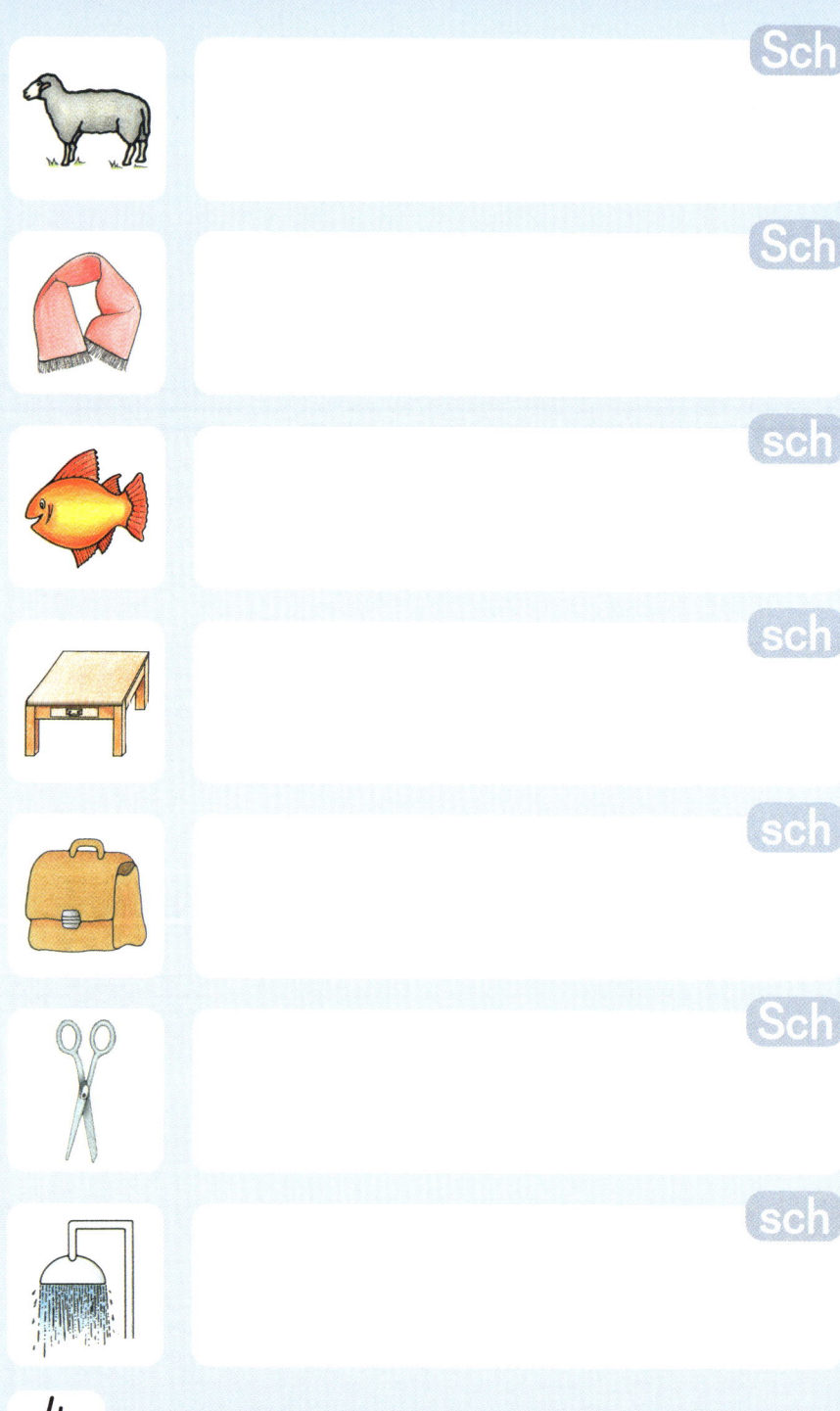

Sch

Sch

sch

sch

sch

Sch

sch

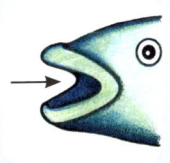

www.jandorfverlag.de

7

www.jandorfverlag.de

9

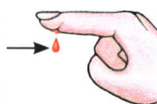

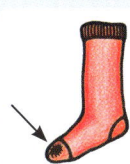

ch

ch

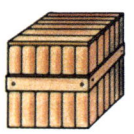

www.jandorfverlag.de

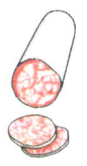

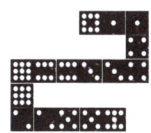

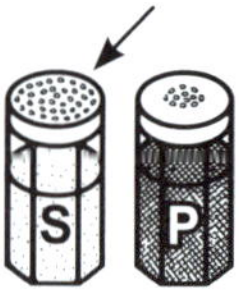

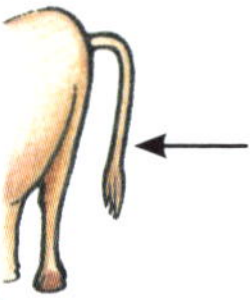

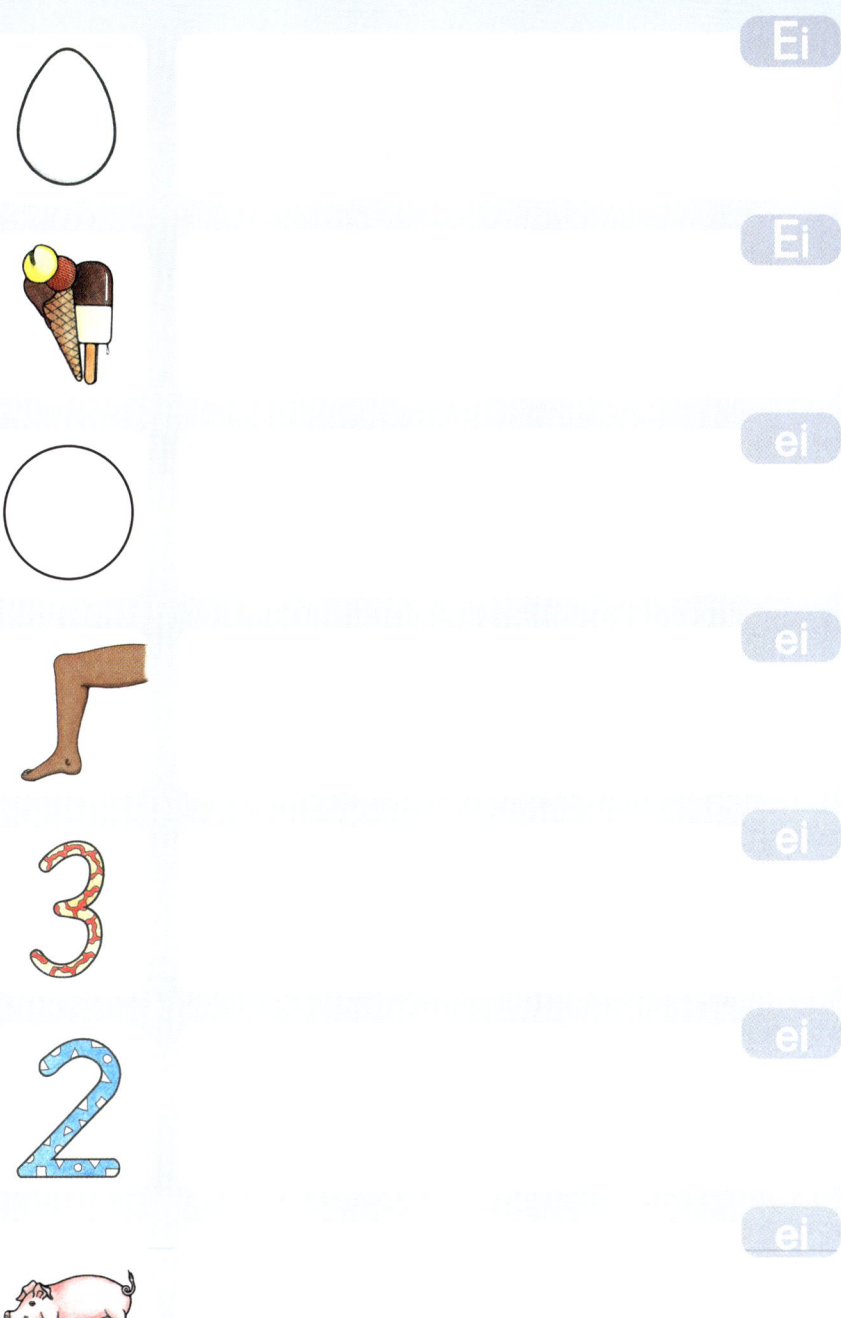

www.jandorfverlag.de

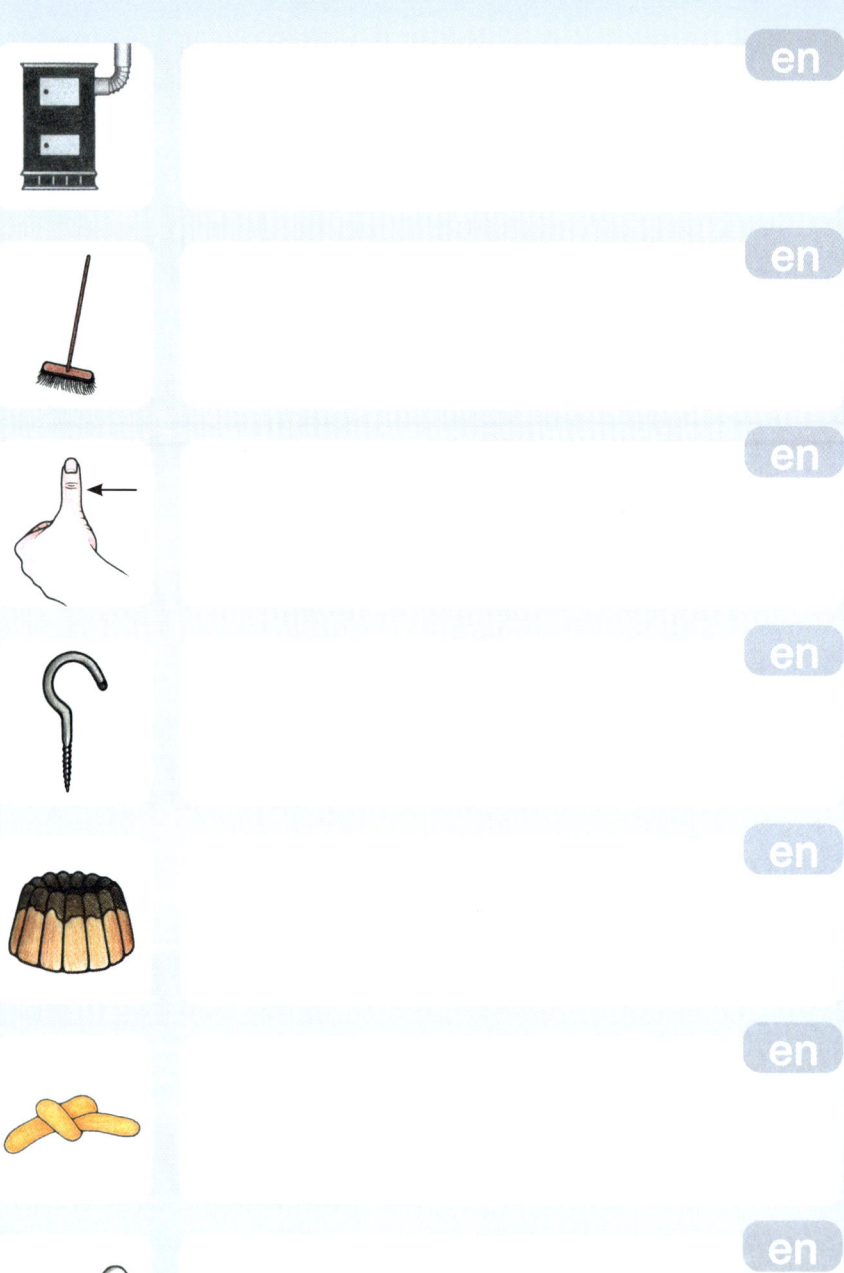

er

er

er

er

er

er

er

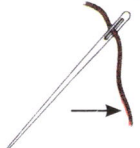

21

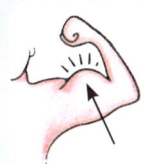

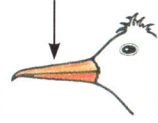

ng

ng

ng

ng

ng

ng

ng

www.jandorfverlag.de

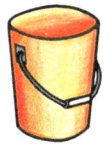

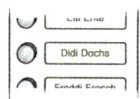

Didi Dachs

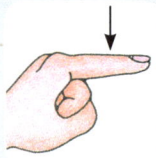

Stadt-Anzeiger

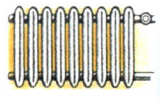

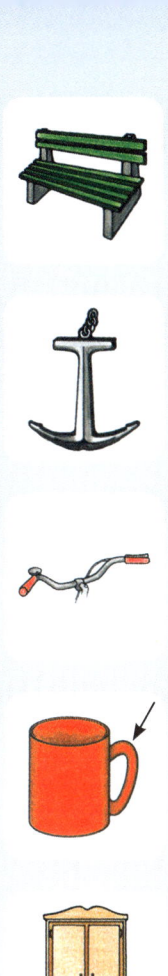

pf

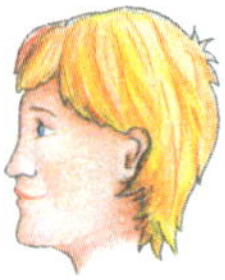

pf

pf

pf

pf

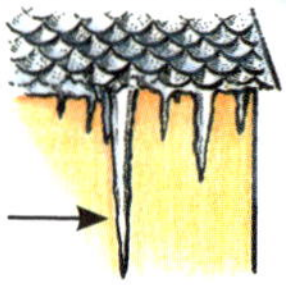

pf

pf

Eu

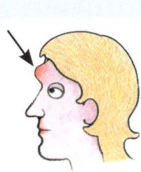
eu

eu

eu

Eu

eu

eu

www.jandorfverlag.de

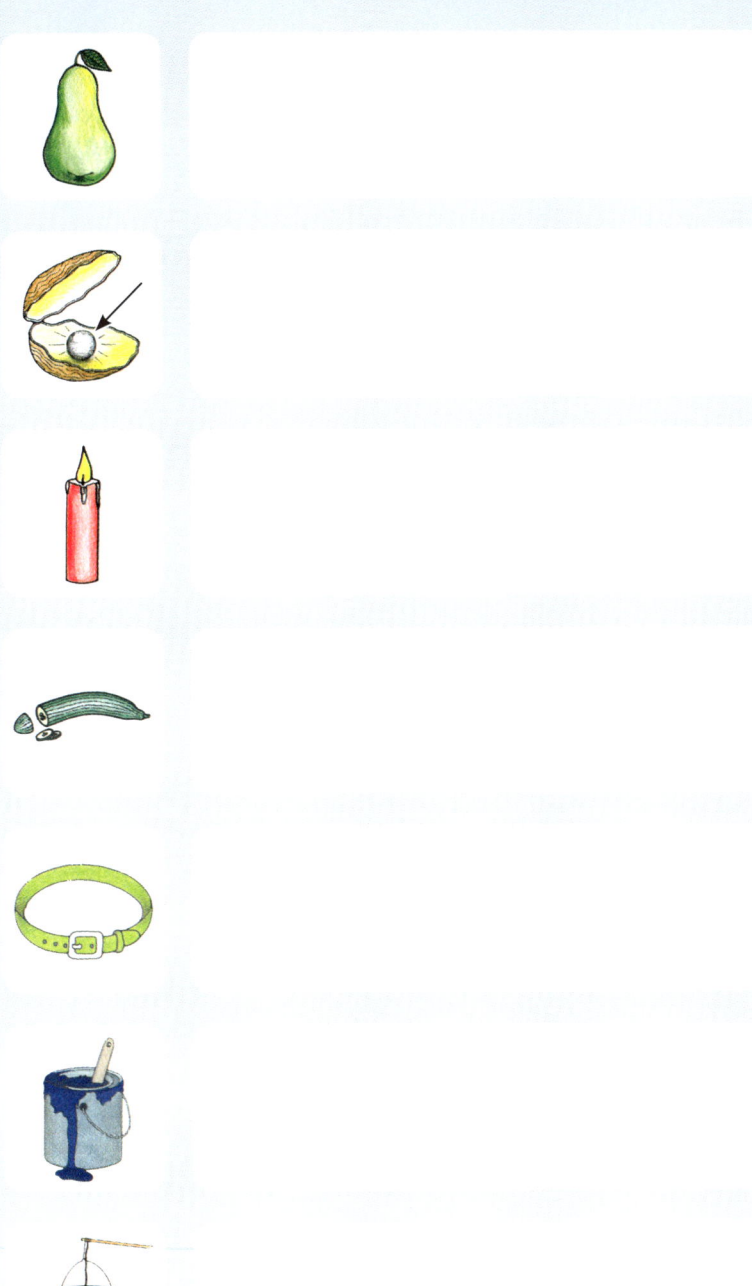

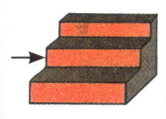

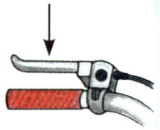

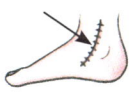

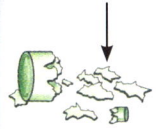

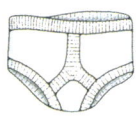

37

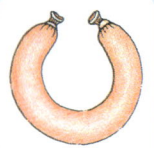

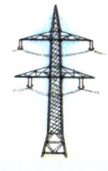

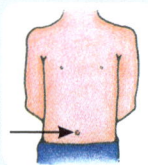

40